I0201952

www.ingramcontent.com/pod-product-compliance
Lightning Source LLC
Chambersburg PA
CBHW021120020426
42331CB00004B/559
9781685680633

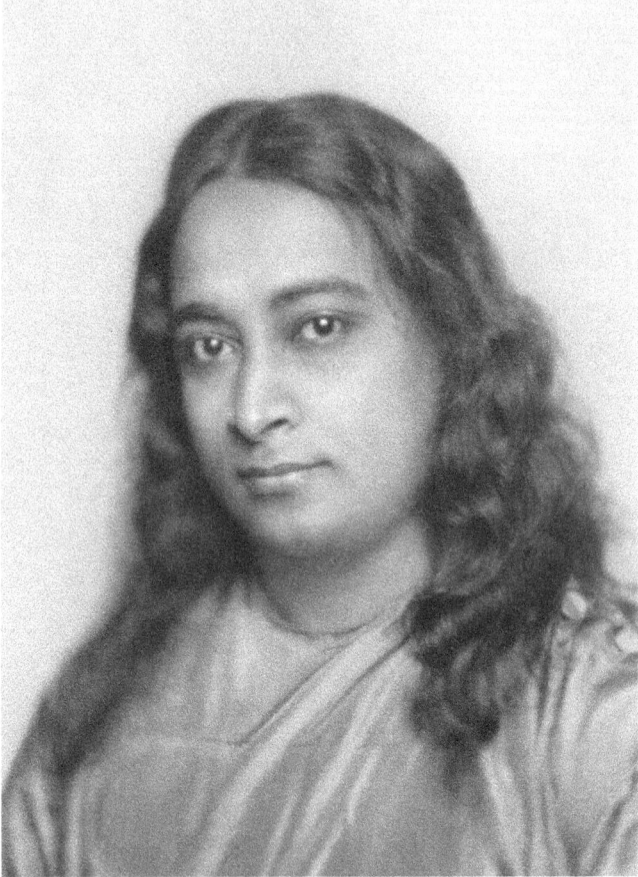

برمهنسا يوغانندا

(١٨٩٣-١٩٥٢)

برمهنسا يوغانندا

كيف يمكنك

محادثة

الله

Self-Realization Fellowship

FOUNDED 1920 BY PARAMAHANSA YOGANANDA

كلمة حول هذا الكتاب: لقد تم تجميع كتاب "كيف يمكنك محادثة الله" من محاضرتين قدمهما برمهنسا يوغانندا في عام ١٩٤٤في اثنين من معابد Self-Realization Fellowship اللذين أسسهما في سان دييغو وهوليوود، حيث كان من عادته التحدث في أيام الأحد البديلة. في كثير من الأحيان، بعد التحدث عن موضوع معين في أحد المعابد، كان يتحدث يوم الأحد التالي في معبد آخر، ويتناول جوانب مختلفة من نفس الموضوع الذي قدمه في الأسبوع السابق. لقد تم تدوين محادثاته على مر السنين بطريقة الاختزال من قبل واحدة من أقرب تلاميذه، شري دايا ماتا (الرئيسة والقائدة الروحية لـ Self-Realization Fellowship من عام ١٩٥٥حتى وفاتها في عام ٢٠١٠). نُشر كتاب "كيف يمكنك محادثة الله" لأول مرة في عام ١٩٥٧، وتُرجم إلى لغات متعددة.

العنوان الأصلي باللغة الإنجليزية تم نشره بواسطة
Self-Realization Fellowship، لوس أنجلوس (كاليفورنيا):
How You Can Talk With God

ISBN: 978-0-87612-160-3

تُرجم إلى العربية بواسطة Self-Realization Fellowship

الطبعة العربية الأولى، ٢٠٢٢
First edition in Arabic, 2022

هذا الإصدار، ٢٠٢٢
This printing, 2022

ISBN: 978-1-68568-063-3
1496-J7600

عظيم هو مجد الله. إنه حقيقي، وبالإمكان العثور عليه بصمت وبالتأكيد... فإذ تسير على دروب الحياة لا بد أن تدرك أن الله هو الكائن الأوحد، وهو الهدف الأوحد الذي سيرضيك ويجلب لك الاكتفاء، لأنه في الله يكمن تحقيق كل رغبة من رغبات قلبك.

– برمهنسا يوغانندا

كيف يمكنك

~ محادثة ~

الله

مقتطفات من محاضرتين ألقاهما برمهنسا يوغاننـدا في
١٩ و٢٦ مارس/آذار، ١٩٤٤

التحدث مع الله حقيقة مؤكدة. ففي الهند كنت في حضرة
قديسين وهم يتحدثون مع الآب السماوي. وأنتم أيضاً يمكنكم التحدث
إليه، ليس من جانب واحد فقط، بل محادثة حقيقية بحيث تخاطبونه
وهو يجيبكم. طبعاً كل واحد باستطاعته التحدث إلى الله، ولكنني
أبحث اليوم عن إمكانية إقناعه بالاستجابة لنا والتحدث إلينا.

لماذا ينبغي أن نشك في ذلك؟ إن أسفار العالم المقدسة تزخر
بوصف المحادثات بين الله والإنسان، ومن أروعها تلك المدوّنة
في كتاب الملوك الأول ٣:٥–١٣ في الإنجيل: "تراءى الرب
لسليمان في حلم ليلاً وقال الله اسأل ماذا أعطيك. فقال سليمان...
اعطِ عبدك قلباً فهيماً... فقال الله له من أجل أنك قد سألت هذا
الأمر ولم تسأل لنفسك أياماً كثيرة ولا سألت لنفسك غنى ولا
سألت أنفس أعدائك، بل سألت لنفسك تمييزاً لتفهم الحكم. ها قد
فعلت حسب كلامك. إذ قد أعطيتك قلباً حكيماً... وقد أعطيتك
أيضاً ما لم تسأله: غنى وكرامة."

وداود أيضاً تحدّث مراراً مع الرب، وبحث حتى الأمور

الدنيوية معه:

"فسأل داود من الله قائلا: أأصعد على الفلسطيين فتدفعهم لديّ؟ فقال الرب: اصعد فادفعهم لديك."[١]

الله يستجيب للحب فقط

الشخص العادي يصلي لله بعقله فقط وليس بكل مشاعره وأشواق قلبه. مثل تلك الصلوات هي أضعف من أن تجلب أية استجابة. يجب أن نخاطب الروح الإلهي بثقة ويقين وبشعور وديّ كالشعور نحو الأب أو الأم. يجب أن تكون علاقتنا مع الله مبنية على المحبة الخالصة المجرّدة وغير المقيّدة بشروط. وأكثر من أية علاقة أخرى يمكننا أن نطالب باستجابة من الروح الكوني في مظهر الأم الإلهية. لا بد أن يستجيب الله لنداء مثل هذا لأن جوهر الأم هو الحب والتسامح مع ابنها حتى ولو كان من أكبر الخاطئين. العلاقة بين الأم وطفلها هي أجمل صورة للحب البشري وهبها الرب لنا.

إن فكرة محددة عن الله (بصورة الأم الإلهية مثلاً) هي ضرورية وإلا فمن غير الممكن الحصول على إجابة واضحة. كما ينبغي أن يكون طلب الحصول على استجابة من الله قوياً وثابتاً. فالصلاة التي يعوزها الإيمان لا تكفي. أما إذا أقنعت ذاتك قائلاً: "سيتكلم معي" وإن رفضت الشك والارتياب مهما كانت طويلة السنوات التي لم يستجب لك بها؛ وإن تابعت إيمانك وثقتك به فسيستجيب لك يوماً ما.

١ أخبار الأيام الأول: ١٤:١٠

لقد دوّنت في كتابي "مذكرات يوغي Autobiography of a Yogi" بعض المناسبات العديدة التي تحدثت بها مع الله. حدث اختباري الأول لسماع الصوت الإلهي عندما كنت صبياً صغيراً. فإذ كنت أجلس على فراشي ذات صباح، استغرقت في تفكير تأملي عميق وتساءلت:

"ما الذي يكمن خلف ظلمة العينين المغمضتين؟"

اكتسحتني قوة هذا التفكير وعلى الفور تلألأت ومضة من النور لبصري الداخلي أظهرت لي الأشكال المقدسة لقديسين يجلسون متأملين في مغاور الجبال، وراحت تمر كصور سينمائية مصغّرة على الشاشة الكبيرة المشعّة بداخل جبيني.

هتفت بصوت مرتفع "من أنتم؟"

وجاء الجواب السماوي الذي تعجز عن وصفه الكلمات وابتهج له قلبي "نحن يوغيو الهملايا". وتلاشت الرؤيا لكن الأشعة الفضية امتدت على شكل دوائر تزداد اتساعاً في اللانهاية.

قلت متسائلاً "ما هذا الوهج العجيب؟"

فجاء الجواب بنغم سماوي "أنا إشوارا (الرب). أنا النور."

وكان الصوت كدمدمة السحاب.

كانت أمي مع شقيقتي الكبرى روما قريبتين مني عندما حصلتُ على هذا الاختبار المبكّر، وقد سمعتا أيضاً الصوت الإلهي. ويا لها من سعادة عظمى حصلتُ عليها من استجابة الله، فعقدت العزم منذ تلك اللحظة على البحث عنه حتى أعثر عليه وأتوحّد كلياً معه.

معظم الناس يظنون أنه لا يوجد سوى الظلام خلف العينين المغمضتين. ولكن عندما تتقدم روحياً وتركّز على

العين "الوحيدة" في الجبهة، ستجد أن بصرك الداخلي قد انفتح، وسترى عالماً آخر فيه الكثير من الألوان والجمال الباهر. كما ستظهر لك رؤى قديسين مثل يوغيي الهملايا الذين أبصرتهم أنا. وإن تعمّق تركيزك أكثر فأكثر ستسمع أنت أيضاً صوت الله.

الأسفار المقدسة تخبرنا مراراً وتكراراً عن وعد الله، وبأنه سيتكلم معنا.

"وتطلبوني فتجدوني، إذ تطلبوني من كل قلبكم." أرميا ١٣:٢٩. "الرب معكم ما دمتم معه، فإن طلبتموه تجدونه، وإن تركتموه يترككم." أخبار الأيام الثاني ٢:١٥. "ها أنا أقف على الباب وأقرع، فإن سمع أحد صوتي وفتح الباب أدخل إليه وأتعشى معه وهو معي." – رؤيا ٢٠:٣.

إذا تمكنت من محادثة الله ولو لمرة واحدة وجعلته "يَكسِر صمتَهُ" فسيتكلم معك غالباً. لكن ذلك صعبٌ للغاية في البداية. ليس من السهل التعرف على الله لأنه يريد أولاً أن يتيقّن من رغبتك الصادقة في التعرف عليه. إنه يُخضِع المريد لامتحانات لمعرفة ما إذا كان يريده حقاً أم يريد شيئاً آخر بدلاً منه. ولن يتكلم معك حتى تقنعه بأن ما من رغبة أخرى في قلبك أقوى من رغبة التعرف عليه. ولماذا ينبغي أن يظهر ذاته لك فيما إذا كان قلبك مليئاً باللهفة والتشوق لعطاياه فقط؟

محبة الإنسان لله هي هديته الوحيدة له

إن الخليقة بأسرها صُممت كامتحان للإنسان. فبتصرفنا هنا في هذا العالم نبرهن إن كنا نريد الله فعلاً أم نريد هباته. الله لن يطلب منك كي تحبه أكثر من أي شيء آخر، لأنه يريد محبتك

خالصة نقية دون "حث أو مطالبة". ذلك هو السر الكامل الكامن في المسرحية الكونية. فالذي خلقنا يحنُّ لمحبتنا له ويريدنا أن نقدّم حبنا إليه بصورة عفوية تلقائية دون أن يطلب منا ذلك. محبتنا هي الشيء الوحيد الذي لا يمتلكه الله ما لم نختر تقديمها له. وهكذا ترى أنه حتى الله لديه ما يرغب في الحصول عليه: حبنا! ولن نسعد ما لم نمنح حبنا لله. فما دمنا أطفالاً صغاراً نتقدم ببطء على هذه الكرة الأرضية، نتحرق لعطايا الله وفي نفس الوقت نتجاهله هو المانح فسنسقط في الكثير من حُفر الشقاء والمعاناة.

وبما أن الله هو جوهر كياننا فبالحقيقة لن نتمكن من التعبير عن أنفسنا ما لم نتمكن من إظهار حضوره في داخلنا. تلك هي الحقيقة. ولأننا ذوو طبيعة إلهية كوننا جزء من الله، لا يمكننا العثور على الرضا الدائم من أي شيء مادي على الإطلاق. "لن تجد لك ملاذاً يا من لا تحفظني في سرّك."[2] وما لم تحصل على السعادة في الله فلن تحصل عليها من أي شيء آخر.

هل الله شخصي أم غير شخصي؟

هل الله شخصي أم غير شخصي؟ إن بحثاً قليلاً لهذه النقطة سيساعدك في محاولتك الاتصال بالله. كثيرون من الناس لا يرغبون في التفكير بالرب على أنه شخصي. فهم يظنون أن فكرة التجسيد مقيّدة ومحدودة، ويعتبرونه روحاً غير شخصي، قدرة كلية وقوة عاقلة مسؤولة عن الكون.

The Hound of Heaven, by Francis Thompson ٢

ولكن إن كان خالقنا غير شخصي فكيف خلق كائنات بشرية؟ نحن شخصيون ولنا شخصيتنا. إننا نفكر ونشعر ونريد. ولم يمنحنا الله القدرة على تقدير أفكار ومشاعر الآخرين وحسب، بل منحنا أيضاً المقدرة على الاستجابة لمشاعرهم وأفكارهم. بالتأكيد الله لا يخلو من روح المبادلة التي تميّز مخلوقاته. إن أبانا السماوي لقادر بالتأكيد على توطيد علاقة شخصية مع كل واحد منا، وسيفعل عندما نسمح نحن بذلك.

عندما نتأمل المظهر اللاشخصي لله يتولد لدينا انطباع عن كائن إلهي بعيد عنا، يحصل على ابتهالاتنا التي نرفعها إليه دون الاستجابة لها؛ كائن يعرف كل شيء لكنه يحتفظ بصمت قاسٍ عديم الرحمة. ولكن هذه غلطة فلسفية، لأن الله كل شيء: فهو شخصي وغير شخصي في نفس الوقت. لقد خلق أناساً بشراً ولذلك لا يمكن لمُبدِئ الخلق أن يكون غير شخصي بالكامل.

إن التفكير بأن الله قادر على اتخاذ صورة بشرية والمجيء إلينا والتحدث معنا يحقق حاجة عميقة في قلوبنا. ولكن لماذا لا يتكلم مع الجميع؟ قديسون كثيرون سمعوا صوت الله، فلماذا لا نستطيع سماعه؟ "رباه، إنك خفيٌّ عن الأنظار، لا شخصي، مجهول، لا يمكن التعرف عليك، ومع ذلك أثق بأن صقيع إخلاصي وحنيني كفيل بأن يجعلك ‹تتجمد› في شكل منظور."

بالإمكان إقناع الله كي يتخذ صورة شخصية بفعل شوقك المتعاظم إليه. لقد تمكن القديس فرنسيس الأسيزي وغيره من العظماء من رؤية جسد المسيح الحي، وأنت أيضاً يمكنك رؤيته فيما إذا كانت صلاتك عميقة بما فيه الكفاية. لقد كان السيد المسيح

أحد المظاهر الشخصية لله. من يعرف براهما (الرب) يصبح براهما نفسه. ألم يقل المسيح: "أنا وأبي واحد"؟[٣] والسوامي شنكرا صرّح أيضاً: "أنا الروح الكوني" و"أنت هو". وهكذا لدينا شهادة العديد من الأنبياء بأن الإنسان مخلوق على صورة الألوهية.

إنني أحصل على الكثير من معرفتي من الله بدلاً من الكتب، إذ نادراً ما أقرأ. ما أخبركم به هو حصيلة إدراكي المباشر. لهذا أتكلم بثقة مطلقة، ثقة نابعة من إدراكي المباشر للحق. رأي العالم بأسره قد يعارض مثل هذه الثقة، لكن الثقة المؤسسة على الإدراك المباشر سيتم قبولها في نهاية المطاف.

معنى "صورة الله"

في الكتاب المقدس نقرأ: "لأن الله على صورته عمل الإنسان."[٤] ما من أحد استطاع أن يوضّح بجلاء كيف أن الإنسان هو صورة الله. الله روح والإنسان بجوهره هو أيضاً روح. هذا هو المعنى الرئيسي للفقرة الإنجيلية أعلاه. ولكن هناك أيضاً العديد من التفسيرات الصحيحة لهذه الفقرة.

الجسم البشري بكامله بما فيه من وعي وحركة هو صورة مصغّرة لله. في الوعي تكمن المعرفة الكلية والوجود الكلي.

٣ يوحنا ١٠:٣٠

٤ تكوين ٩:٦

باستطاعتك التفكير بأنك على الفور في نجم القطب أو المريخ، إذ بالفكر لا توجد حواجز بينك وبين أي شيء آخر. وبناءً على وجود الوعي داخل الإنسان يمكن القول بأن الإنسان مخلوق على صورة الله.

الوعي يعرف ذاته عن طريق الإدراك الحدسي. وبالمثل فإن الله من خلال وعيه الكوني على دراية بكل ذرة من ذرات الخليقة. "أليس عصفوران يباعان بفلس، وواحد منهما لا يسقط على الأرض بدون [معرفة] أبيكم؟"[٥]

الإنسان يمتلك أيضاً كل القدرة الكامنة للوعي الكوني، مع أن الذين ينمونها هم قلائل. والإنسان يمتلك أيضاً الإرادة بحيث يمكنه – كالخالق – خلق عوالم على الفور، ولكن قلائل هم الذين يطورون تلك القوة الكامنة في داخلهم. الحيوانات لا تمتلك القدرة على تبصّر الأمور في حين يمتلكها الإنسان. فكل الخاصيات التي يمتلكها الله من وعي وعقل وإرادة وشعور ومحبة يمتلكها الإنسان أيضاً. ومن حيث هذه الخاصيات يمكن القول بأن الإنسان مخلوق على صورة الله.

الجسم ليس مادة، بل نشاط

النشاط الذي نحس به في الجسد يشير إلى وجود قوة أعظم بكثير مما يلزم لتشغيل الجسد المادي. إن نفس الطاقة الكونية التي

٥ متى ١٠:٢٩

تعيل وتحفظ الأكوان تعمل أيضاً في أجسامنا. الطاقة الكونية هي مظهر من مظاهر الله. ولذلك فإننا مخلوقون على صورته حتى من الناحية الجسدية.

ما هو النشاط الموجود في أجسامنا؟ إن شكلنا المادي مكوّن من جزيئات، والجزيئات مكوّنة من ذرات، والذرات مكوّنة من إلكترونات، والالكترونات من نشاط الحياة أو "لايفترونات lifetrons" – من مليارات لا حصر لها من نقاط النشاط. تستطيع بعينك الروحية أن تبصر الجسد ككتلة من نقاط النور المتراقصة: النشاط المنبعث من السبعة وعشرين ألف مليار خلية! إنه من قبيل الوهم تبصر جسدك كتلة من اللحم والعظم. ولكن في الحقيقة جسمك ليس مادة، بل نشاط أو طاقة.

وبسبب تفكيرك بأنك مصنوع من لحم ودم فإنك تتصور نفسك أحياناً بأنك ضعيف. ولكن إن جلبت الوعي الإلهي إلى جسمك فستدرك أن الجسم ليس سوى مظهر مادي للعناصر الخمسة الاهتزازية التي يتكون منها الجسم، وهي التراب، والماء، والنار، والهواء، والأثير.

خمسة عناصر كونية
تؤلّف جسم الإنسان

الكون بأسره – الذي هو جسم الله – مركّب من نفس العناصر الخمسة التي يتكون منها جسم الإنسان. فالجسم البشري الذي يشبه النجمة في تكوينه يمثّل إشعاعات العناصر الخمسة.

الرأس واليدان والقدمان تشكّل النقاط الخمس للنجمة. وبهذه الكيفية أيضاً نحن مخلوقون على صورة الله.

الأصابع الخمسة تمثّل أيضاً العناصر الخمسة الاهتزازية للاهتزاز الكوني الموهوب بالذكاء، الذي يحافظ على هيكلية الخليقة. الإبهام يمثل أخشن العناصر الاهتزازية: التراب، وبالتالي الكثافة. الإصبع الأول (السبّابة) يمثل عنصر الماء. الإصبع الثاني (الذي يلي السبّابة) يمثل العنصر الناري المنطلق، ولهذا فهو أطول الأصابع. أما الإصبع الثالث (المحاذي للخنصر) فيمثل الهواء. والإصبع الأصغر أو الخنصر يمثل العنصر الأثيري الدقيق للغاية.

إن تدليك كل إصبع من الأصابع ينشّط القوة التي يمثلها ذلك الاصبع. لهذا فتدليك الإصبع الأوسط (الذي يمثل العنصر الناري) والسرّة (مقابل الضفيرة القطنية أو "النارية" في العمود الفقري، التي تتحكم بعمليتيّ الهضم والتمثيل (تحويل الطعام إلى غذاء) يساعد على التخلص من عسر الهضم.

الله يُظهر الحركة في الخليقة. الإنسان نمّى ساقين وقدمين بسبب الرغبة الملحّة في التعبير عن الحركة. أصابع القدم هي تجسيد لإشعاعات النشاط الخمسة.

العينان ترمزان إلى الله الآب والابن والروح القدس في الحدقة والقزحية والبياض. عندما تركّز انتباهك في النقطة ما بين الحاجبين ينعكس التيار الذي في العينين ويتحول إلى نور واحد وتبصر العين الروحية. هذه الدائرة الوحيدة هي "عين الله". لقد نمينا عينين اثنتين بسبب قانون النسبية الذي يسود كوننا المادي

ذا الطبيعة الثنائية. قال يسوع "إذا كانت عينك وحيدة فجسدك كله يكون نيّرا If therefore thine eye be single, thy whole body shall be full of light"[٦] فإن نظرنا من خلال العين الروحية التي هي عين الله الوحيدة نبصر الخليقة بأسرها مكوّنة من جوهر واحد: نوره الإلهي.

التوحّد مع الله يعني التوحّد مع قوة الله

قصارى القول إن الإنسان يمتلك كل القوى. فعندما يتوحد وعيك مع وعي الله تمتلك المقدرة على تغيير أي شيء تريده. قِطع السيارات يمكن استبدالها أو تغييرها حسب الحاجة، ولكن إحداث تغيير مماثل في الآلة الجسدية هو أكثر تعقيداً. العقل الذي يتحكم بكل الخلايا هو العامل الأساسي. عندما يتمكن الانسان من التحكم التام بالعقل يصبح بإمكانه استبدال أو تغيير خلايا وأعضاء الجسم حسب الرغبة وبقوة الارادة. إذ يمكنه بمجرد التفكير جعل ذرات الجسد تعيد تشكيل ذاتها وتنبت طاقماً جديداً من الأسنان. عندما يتقدم الإنسان روحياً يمتلك القدرة على التحكم التام بالمادة.

الله روح، وفي مظهره اللاشخصي هو غير منظور. ولكنه عندما خلق العالم المادي أصبح الله الآب. وحالما اتخذ مظهر الخالق فقد أصبح ذا مظهر شخصي؛ أصبح مرئياً. فهذا الكون بأسره هو جسم الله.

٦ متى ٦:٢٢

في مظهره الأرضي له جانب إيجابي وآخر سلبي – القطبان الشمالي والجنوبي. الشموس عيونه، والحشائش والأشجار شعره، والأنهار شرايينه، وهدير المحيط وشدو البلابل وبكاء الوليد وكل أصوات الخليقة صوته. ذلك هو الإله الشخصي. إن خفقة القلب خلف كل القلوب هي نبض نشاطه الكوني. إنه يسير في ملياريّ وستمائة مليون زوج من أقدام البشر، ويعمل من كل الأيدي. إنه الوعي الإلهي الأوحد الحالّ في كل الأدمغة.

وبفعل قانون الله للجذب والدفع فإن خلايا الجسم البشري تتماسك معاً بتناسق وانسجام بنفس الكيفية التي تحافظ بها النجوم على توازنها في مداراتها الصحيحة. إن الرب الكلي الوجود هو دائم الحركة والنشاط، إذ لا يوجد مكان مقفر من صور الحياة. فبسخاء وتنوّع لا حد لهما يُبرز الله للوجود – دون توقّف أو انقطاع – صوراً وأشكالاً متباينة لا حد لها ولا انتهاء – مظاهر لا تنضب لنشاطه الكوني.

لقد امتلك الروح الإلهي فكرة معيّنه أو نموذجاً محدداً في عقله عندما أوجد الخليقة. ففي البداية أتى بالكون إلى الوجود ثم خلق الإنسان. وبخلق جسد مادي لذاته من النظم الكونية فقد أظهر الباري ثلاثة مظاهر: الوعي الكوني، النشاط الكوني، والكتلة أو المادة الكونية.

هذه الثلاثة تطابق على التوالي مظاهر جسم الإنسان المثالي أو السببي، جسمه الكوكبي أو جسم النشاط، وجسمه المادي. والنفس أو الحياة خلف هذه الأجسام هي الروح.

في العالم الأكبر يظهر الروح الإلهي في صورة وعي

كوني، نشاط كوني، وجسد الأكوان. وفي العالم الأصغر يظهر بصورة وعي بشري، نشاط بشري، وجسد بشري. وهذا برهان آخر على أن الإنسان مخلوق فعلاً على صورة الله.

الله "يتكلم" بواسطة الاهتزاز

إن الله يظهر لنا بصورة جسدية. إنه شخصي أكثر مما نتصور. إنه حقيقي وواقعي تماماً مثلكم، وهذا ما أريد أن أطلعكم عليه اليوم. إن الله يستجيب لنا على الدوام. اهتزاز عقله دائم الانبثاق. هذا يستلزم طاقة، والطاقة تظهر على هيئة صوت. وهذه نقطة على درجة كبيرة من الأهمية. الله وعي. والله طاقة. "التحدث" يعني إحداث ذبذبة أو اهتزاز. إن الله يتكلم باستمرار من خلال اهتزاز طاقته الكونية. لقد أصبح أم الخليقة التي تجسّد ذاتها في مظاهر الجماد والسوائل، والنار، والهواء، والأثير.

الأم المتوارية عن الأنظار تعرب دوماً عن ذاتها بصور وأشكال منظورة – في الزهور، والجبال، والبحار، والنجوم.

ما هي المادة؟ لا شيء سوى رتبة معيّنة من اهتزاز طاقة الله الكونية. في الحقيقة لا يوجد جسم صلب في الكون، وما يبدو صلباً هو في الأساس تكثيف أو اهتزاز خشن لطاقته الإلهية. إن الله يتكلم معنا من خلال الاهتزاز. ولكن السؤال هو: كيف يمكن التحدث إليه مباشرة؟ ذلك هو أصعب إنجاز على الإطلاق: التحدث مع الله.

إذا تكلمت مع جبل فلن تحصل على إجابة منه. تكلم مع

الزهور مثلما كان يفعل لوثر بربانك وقد تحس ببعض التجاوب منها. بالطبع يمكننا التحدث إلى الناس، ولكن هل الله أقل استجابة من الزهور والبشر، بحيث يدعنا نواصل تحدثنا إليه دون أن يجاوبنا؟ هكذا يبدو الأمر، أليس كذلك؟ ولكن المشكلة ليست عنده، بل عندنا نحن. فهاتف بصيرتنا معطل. إن الله ينادينا ويتحدث إلينا، ولكننا لا نسمعه.

الاهتزاز الكوني "يتكلم" كل اللغات

ولكن القديسين يسمعون صوت الله. ففي أي وقت كان أحد المعلمين الذين عرفتهم يصلي، كان صوت الله المجيب يبدو آتياً من السماء. الله لا يحتاج إلى حنجرة كي يتكلم من خلالها. إن كان ابتهالك عميقاً وحاراً بما فيه الكفاية فإن اهتزاز ذلك الابتهال سيجلب استجابة اهتزازية فورية من الله. وتلك الاستجابة تظهر في أية لغة يفهمها المُصلي. فإن صليت بالألمانية تسمع الجواب بالألمانية؛ وإن خاطبته بالإنكليزية تسمع الاستجابة بالإنكليزية.

إن اهتزازات اللغات المختلفة منشؤها الاهتزاز الكوني. والله كونه الاهتزاز الكوني فهو يعرف كل اللغات. ما هي اللغة؟ إنها اهتزاز معيّن. وما هو الاهتزاز؟ هو طاقة. وما هي الطاقة؟ هي فكرة معيّنة.

ومع أن الله يسمع كل صلواتنا فإنه لا يستجيب دوماً. إن حالتنا شبيهة بذلك الطفل الذي ينادي أمه، ولكن الأم لا تظن أنه من الضروري أن تأتي إليه، فترسل إليه لعبة لإسكاته. ولكن

بريشة جاغاناث (كالايانا كالباتارو)

الأم الإلهية

الله في مظهر الأم الإلهية يُمثل في الفن الهندوسي على هيئة امرأة ذات أربع أيدٍ. يدٌ مرفوعة إشارة إلى البركة الشاملة. وفي الأيدي الثلاث الأخرى تحمل سبحة صلاة كناية عن الإخلاص في العبادة، وصفحات من نصوص مقدسة إشارة إلى التعلم والحكمة، ووعاء من الماء المقدس يمثل الطهارة والنقاء.

عندما يرفض الطفل أي بديل عن حضور الأم، تأتي إليه. إن أردت التعرف على الله يجب أن تكون مثل ذلك الطفل الشقي الذي يواصل البكاء حتى تأتي أمه إليه.

إن صممت على عدم وقف النداء للأم الإلهية فإنها ستتكلم معك. ومهما كانت أعمالها الكونية كثيرة، فإن واصلت نداءاتك لها فلا بد أن تتحدث إليك. تخبرنا الأسفار الهندوسية إن خاطب المتعبد الصادق الله ليوم وليلة بشوق عظيم دون توقّف، فإن الله سيستجيب. ولكن ما أقل الذين يفعلون ذلك! في كل يوم هناك "شواغل مهمة" –"الشيطان" يحاول أن يبقيك بعيداً عن الله. لن يأتي الله إن تمتمتَ بصلاة قصيرة ثم رحت تفكر بشيء آخر. أو إذا صليّت على هذا النحو: "أبي السماوي، إنني أناديك، ولكنني نعسان جداً. آمين." لقد قال القديس بولس: "صلّوا بدون انقطاع."[٧]

وأيوب الذي عانى من العلل والأمراض تحدث طويلاً مع الله. إذ قال أيوب لله: "اِسْمَعِ الآنَ وَأَنَا أَتَكَلَّمُ. أَسْأَلُكَ فَتُعَلِّمُنِي. بِسَمْعِ الأُذُنِ قَدْ سَمِعْتُ عَنْكَ، وَالآنَ رَأَتْكَ عَيْنِي"[٨]

عندما يُعرب المحب عن إخلاصه لحبيبته بصورة آلية فإنها تعرف بأن كلامه غير صادق، لأنها في الحقيقة "تستمع" لما يقوله قلبه. وبالمثل عندما يصلّي المريدون لله فإن الله يعلم ما إذا كانت قلوبهم جافة وخالية من المحبة التعبدية، وما إذا كانت

٧ تسالونيكي الأولى ٥:١٧

٨ أيوب ٤٢:٤–٥

أفكارهم مندفعة في كل اتجاه. إنه لا يستجيب للنداءات الفاترة. أما المريدون الذين يبتهلون له ويتحدثون إليه ليل نهار بأقصى درجات الحب فإنه يأتي لهم بكل تأكيد!

لا تقنع بأي شيء دون الأسمى

لا تُضِع الوقت بحثاً عن أشياء صغيرة. طبيعي أن الحصول على عطايا أخرى من الله أسهل من الحصول على أعظم هبة: الله ذاته. ولكن لا تقنع بأي شيء دون الأسمى. لم أكترث للهبات التي أتتني من الله ما لم أرَ الله نفسه من وراء تلك الهبات. لماذا تحققت كل رغباتي؟ لأنني أتعمق في الدعاء والتأمل، وأذهب إلى الله مباشرة. وإنني أراه في كل مظهر من مظاهر الوجود. إنه أبونا، وهو أقرب من القريب وأعز من الحبيب، وهو حقيقي أكثر من أي إنسان آخر. إنه غير معروف وبالإمكان التعرف عليه.

إن الله يناديكم ويريدكم أن تعودوا إليه، وهذا حقكم الطبيعي. سيتحتم عليكم مغادرة الأرض يوماً ما، لأن الأرض ليست مقركم الدائم. الحياة الأرضية هي مجرد مدرسة وضعَنا الله فيها ليرى كيف سنتصرف هنا. هذا كل ما في الأمر. وقبل أن يظهر ذاته يريد الله أن يعلم ما إذا كنا نشتهي الأمجاد الأرضية البراقة أو نمتلك ما يكفي من الحكمة كي نقول:

"لقد انتهيتُ من كل هذا يا رب، ولا أريد سوى التحدث إليك وحدك. إنني أعلم أنك كل ما أمتلكه في هذه الدنيا. وأنك ستكون معي عندما يتخلى عني الجميع."

البشر يبحثون عن السعادة في الزواج والمال والخمر وما إلى ذلك. ولكن هؤلاء الناس هم ألعوبة في يد القدر. عندما يدرك الإنسان الغاية الحقيقية من الحياة يبدأ بطبيعة الحال في البحث عن الله.

يجب أن نطالب بإرثنا الإلهي المفقود. وكلما كان الإنسان إيثارياً كلما حاول إسعاد الآخرين وأصبح أكثر ميلاً للتفكير بالله. وفي المقابل، كلما فكّر الشخص بالأهداف المادية والرغبات البشرية، كلما تراجعت سعادة النفس وابتعدت عنه. لم يتم وضعنا هنا على هذه الأرض كي نتمرغ في أوحال الحواس ونكتوي بنيران المعاناة عند كل منعطف. بضاعة العالم شريرة لأنها تكتم وتخمد غبطة الروح. السعادة العظمى تأتي بالتفكير العميق والمتواصل بالله.

لماذا تؤجّل السعادة؟

لماذا لا تنظر وتفكر للأمام؟ ولماذا تعتبر الأمور غير الجوهرية مهمة للغاية؟ معظم الناس يحصرون تفكيرهم في الفطور والغداء والعشاء والعمل والنشاطات الاجتماعية، إلى ما هنالك. اجعل حياتك أكثر بساطة، وضع عقلك بكامله على الله. هذه الأرض هي مكان التحضير للعودة إلى الله الذي يريد أن يعلم ما إذا كنا نحبه أكثر من عطاياه. هو الأب وكلنا بنوه. له الحق بحبنا ولنا الحق بحبه. متاعبنا تأتي لأننا نتغافل عنه، ولكنه دائم الانتظار.

كم أتمنى لو أن الله منحنا جميعاً قدراً أكبر من الإحساس! لدينا حرية الاختيار لقبول الله أو طرده من حياتنا. وها نحن نتسول ونستجدي القليل من المال والقليل من الحب والسعادة. لماذا تطلب أشياء ستؤخذ منك يوماً ما؟ إلى متى ستتأوه تحسّراً على المال أو تئنّ من المرض والمصاعب؟ احصل على الخلود واكسب مملكة الله لأن ذلك ما تحتاجه فعلاً.

مملكة السماء والعراقيل

القديسون ينصحون بعدم التعلق حتى لا يصدّنا ارتباط مادي قوي عن بلوغ مملكة الله بكاملها. الزهد لا يعني ترك كل شيء، بل يعني التخلي عن بعض الملذات والمشتهيات من أجل النعيم الأبدي. الله يتكلم معك عندما تعمل من أجله، ويجب أن تناديه وتناجيه على الدوام. أخبرهُ بأي خاطر يرتسم في عقلك وقل له: "يا رب أظهر ذاتك لي، أظهر ذاتك." لا تعتبر صمته جواباً. في البداية سيستجيب لك بمنحك شيئاً تريده كدليل على أنك في باله. ولكن لا تقنع بعطاياه، بل دعه يَعلَم بأنك لن ترضى بشيء سواه. أخيراً سيستجيب. ففي الرؤيا قد تبصر وجه أحد القديسين أو الأولياء، أو قد تسمع صوتاً إلهياً يتحدث معك، وستعلم أنك على تواصل مع الله.

إن إقناع الله بإعطاء ذاته لك أمر يلزمه حماس ملتهب ومستدام. لا يستطيع أحد أن يعلّمك ذلك الحماس، بل يجب أن تنميه بنفسك. "يمكنك أن تأخذ الحصان إلى الماء، ولكن لا تقدر

أن تجبره على الشرب." ولكن عندما يعطش الحصان فإنه يطلب الماء بهمة ورغبة من تلقاء ذاته. وبالمثل عندما تمتلك عطشاً قوياً لله، وعندما لا تولي أهمية غير ضرورية لأي شيء آخر، سواء لتجارب الحياة أو لتجارب الجسد، عندها سيأتي إليك. تذكّر: عندما يكون نداء قلبك حاراً، وعندما لا تسمح لشيء بأن يقف بينك وبين مطلبك فإنه سيأتي إليك.

يجب أن تنزع من ذهنك كل الشكوك بأن الله سيستجيب. معظم الناس لا يحصلون على استجابة الله بسبب عدم إيمانهم. إذا كان لديك التصميم المطلق للحصول على شيء ما فلن يصدك شيء عن بلوغه. إنك فقط عندما توقف بذل المجهود وتكف عن المحاولة تكون قد حكمت على نفسك بالفشل. الإنسان الناجح لا يعرف كلمة "مستحيل".

الإيمان هو قوة الله اللامتناهية في داخلك. الله يعلم عن طريق وعيه بأنه خلق كل شيء. لذلك الإيمان يعني المعرفة والاقتناع بأننا مخلوقون على صورة الله. عندما نكون متناغمين مع وعيه في داخلنا نستطيع أن نأتي للوجود بعوالم. تذكّر أن قدرة الله الكلية تكمن في إرادتك. عندما تهاجمك المصاعب ومع ذلك ترفض الاستسلام بالرغم من تلك المصاعب، وعندما يقتنع عقلك قناعةً راسخة بأهمية العثور على الله ستجد الله مستجيباً لك.

وبما أن الله هو الاهتزاز الكوني، فهو الكلمة. والله الكلمة، هو الصوت المدوي في كل الذرات. هناك موسيقى منبثقة عن الكون، يمكن أن يسمعها المريدون المتأملون بعمق. إنني أسمع

صوت الله في هذه اللحظة. الصوت الكوني[٩] الذي تسمعه في التأمل هو صوت الله. وهذا الصوت يشكّل ذاته في أية لغة تفهمها. عندما أصغي إلى أوم وأطلب أحياناً من الله أن يخبرني شيئاً ما، فإن صوت أوم يتحول إلى الإنكليزية أو البنغالية ويعطيني إرشادات دقيقة وصحيحة.

والله يتحدث أيضاً للإنسان من خلال بصيرته. إذا تعلمت كيف تصغي [١٠]للاهتزاز الكوني، يسهل عليك سماع صوت الله. وحتى عندما تبتهل لله عبر الأثير الكوني فإن الأثير نفسه سيجيب بصوت الله فيما إذا كانت إرادتك قوية بما فيه الكفاية. إنه يتحدث إليك على الدوام، قائلا:

"نادِني. تحدّث إليّ من أعماق قلبك، من جوهر كيانك، ومن أغوار روحك. نادِني بإصرار عظيم ومواظبة وعزيمة راسخة في وجدانك بأنك ستواصل بحثك عني بغض النظر عن عدد المرات التي لم أجبك بها. فإن همستَ لي في قلبك على الدوام: "أيا محبوبي الصامت تكلم معي، سآتي إليك يا متعبدي!"

إن حصلت على تلك الإجابة ولو لمرة واحدة فلن تشعر بعدها بأنك منفصل عنه. الاختبار المقدس سيرافقك على الدوام. ولكن تلك "المرة الأولى" صعبة لأن القلب والعقل غير مقتنعين، ولهذا يتسلل الشك بسبب معتقداتنا المادية السابقة.

٩ أوم، الاهتزاز الكوني الواعي والذكي، أو الروح القدس.

١٠ باستخدام طريقة معينة قديمة يتم تلقينها في دروس *Self-Realization Fellowship*.

الله يستجيب لهمسات قلوب المريدين

إن الله سيستجيب لكل إنسان، بصرف النظر عن الطبقة أو العقيدة أو اللون. هناك قول مأثور في البنغالية، وهو إن ناديت الله بصورة الأم الكونية فإنها لا تقدر أن تظل صامتة ولا بد أن تتكلم. ذلك جميل، أليس كذلك؟

فكّر بكل الأشياء التي أتتني اليوم وأخبرتك بها. يجب ألا تشك بعد الآن أبداً بأن الله سيستجيب لك ما دمت مثابراً في بحثك عنه، وجاداً في الطلب منه كي يستجيب لك.

"وكلّم الرب موسى وجهاً لوجه كما يكلّم الرجل صاحبه."[١١]

١١ خروج ٣٣:١١

نبذة عن المؤلف

«إن المثل الأعلى لمحبة الله وخدمة الإنسانية وجد تعبيراً كاملاً في حياة برمهنسا يوغانندا... ومع أنه صرف القسم الأكبر من حياته خارج الهند، لا زال يحتفظ بمكانه بين عظماء قديسينا. فعمله يستمر بالنمو ويزداد تألقاً، ويجتذب الناس من كل مكان للانضمام إلى مسيرة الروح.»

- من شهادة لحكومة الهند عند إصدارها طابعاً بريدياً تذكارياً تكريماً لبرمهنسا يوغانندا بمناسبة الذكرى السنوية الخامسة والعشرين لرحيله.

وُلد برمهنسا يوغانندا في ٥ يناير/كانون الثاني ١٨٩٣ في الهند وكرّس حياته لمساعدة الناس من كل الأجناس والمعتقدات لمعرفة ما تحويه نفس الإنسان من جمال وسمو وقداسة حقيقية وإظهار ذلك على نحو أكمل في حياتهم.

بعد تخرجه من جامعة كلكتا في عام ١٩١٥، اتخذ نذوراً رسمية كراهب في سلك السوامي المبجل في الهند. وبعد ذلك بسنتين بدأ عمل حياته بتأسيس مدرسة «فن الحياة المتوازنة» – والتي تطورت منذ ذلك الحين إلى واحد وعشرين معهداً تربوياً في جميع أنحاء الهند – حيث يتم تقديم المواد الأكاديمية التقليدية جنباً إلى جنب مع تدريب اليوغا وتلقين المثل والمبادئ الروحية. في عام ١٩٢٠ تلقى دعوة ليمثّل الهند في مؤتمر عالمي للمتدينين الأحرار في بوسطن بالولايات المتحدة. وقد لاقت كلمته الافتتاحية ومحاضراته اللاحقة في الساحل الشرقي استقبالاً مفعماً بالحماس. وفي عام ١٩٢٤ بدأ جولة محاضرات عبر القارة.

وعلى مدى الثلاثة عقود التالية ساهم برمهنسا يوغانندا بطرق بعيدة الأثر في تقدير الغرب ودرايته المتزايدة لحكمة الشرق الروحية. ففي لوس أنجلوس، أسس المقر العالمي لـ Self-Realization Fellowship* – وهي جماعة دينية لاطائفية أسسها في عام ١٩٢٠. ومن خلال كتاباته وجولات محاضراته المكثفة، واستحداث العديد من المعابد ومراكز التأمل التابعة إلى Self-Realization Fellowship، فقد جعل علم وفلسفة اليوغا وأساليبها التأملية القابلة للتطبيق عالمياً في متناول آلاف الباحثين عن الحقيقة.

اليوم، يتواصل العمل الروحي والإنساني الذي بدأه برمهنسا يوغانندا بإشراف وتوجيه الأخ تشيدانندا رئيس Self-Realization Fellowship/Yogoda Satsanga Society of India. وبالإضافة لنشر كتاباته ومحاضراته وأحاديثه غير الرسمية (بما في ذلك سلسلة من الدروس الشاملة للدراسة المنزلية)، تشرف الجماعة أيضاً على المعابد والخلوات والمراكز حول العالم، فضلاً عن نظام معرفة الذات الرهباني ودائرة الصلاة العالمية.

في مقال عن حياة وعمل شري يوغانندا، كتب أستاذ اللغات القديمة في كلية سكريبس الدكتور كوينسي هاو الابن ما يلي: «لم يقتصر ما جلبه برمهنسا يوغانندا للغرب على وعد الهند الراسخ بمعرفة الله، بل جلب أيضاً أسلوباً عملياً يمكن من خلاله للطامحين الروحيين من كل مناحي الحياة أن يتقدموا بسرعة نحو ذلك الهدف.

* (جماعة معرفة الذات) لقد أوضح برمهنسا يوغانندا أن اسم Self-Realization Fellowship يعني «صحبة الله عن طريق معرفة الذات، ومصادقة جميع النفوس الباحثة عن الحقيقة». انظر أيضاً «الأهداف والمثل العليا لـ Self-Realization Fellowship».

إن تراث الهند الذي لاقى في الأصل تقديراً في الغرب على أكثر المستويات سمواً وتجريداً، أصبح الآن متاحاً كممارسة وتجربة لكل من يطمح للتعرف على الله، ليس في العالم الآخر، بل هنا والآن... إذ وضع يوغانندا في متناول الجميع أعظم طرق التأمل وأسماها.»

إن حياة وتعاليم برمهنسا يوغانندا موصوفة في كتابه مذكرات يوغي Autobiography of a Yogi، وفي أكتوبر/تشرين الأول ٢٠١٤ تم إصدار فيلم استيقظ: حياة يوغانندا Awake: The Life of Yogananda وهو فيلم وثائقي حائز على جوائز يتناول حياة وعمل برمهنسا يوغانندا.

الأهداف والمثل العليا
لـ *Self-Realization Fellowship*

كما وضعها المؤسس برمهنسا يوغانندا
رئيس الجماعة الأخ تشيدانندا

نشر معرفة بين الأمم تتضمن أساليب علمية أكيدة للحصول على تجربة شخصية مباشرة مع الله.

التلقين بأن غاية الحياة هي تطوير وعي الإنسان البشري المحدود، من خلال المجهود الذاتي، إلى الوعي الإلهي؛ ولهذه الغاية تأسيس معابد Self-Realization Fellowship في كافة أنحاء العالم للتواصل مع الله، والتشجيع على تأسيس معابد فردية لله في بيوت وقلوب الناس.

إظهار الانسجام التام والوحدة الجوهرية بين المسيحية الأصلية كما علّمها يسوع المسيح واليوغا الأصلية كما علّمها بهاغافان كريشنا؛ والتوضيح أن مبادئ الحق هذه هي الأساس العلمي المشترك لجميع الديانات الحقيقية.

تبيان الطريق الرئيسي المقدس الذي تفضي إليه جميع دروب المعتقدات الدينية الحقيقية: طريق التأمل اليومي، العلمي، التعبدي على الله.

تحرير الإنسان من معاناته الثلاثية: المرض الجسدي، الاضطرابات العقلية، والجهل الروحي.

تشجيع «العيش البسيط والتفكير العالي»؛ ونشر روح الإخاء بين كل شعوب العالم بتلقين الأساس الأبدي لوحدهم: صلتهم بالله.

إثبات تفوق العقل على الجسد، والروح على العقل.

قهر الشر بالخير، والحزن بالفرح، والقسوة باللطف، والجهل بالحكمة.

توحيد العلم والدين عن طريق معرفة الوحدة القائمة بين مبادئهما الأساسية.

الدفع باتجاه التفاهم الثقافي والروحي بين الشرق والغرب، وتبادل أفضل خصائصهما المميزة.

خدمة البشرية بصفتها ذات الإنسان الكبرى.

دروس
Self-Realization Fellowship

إرشادات وتعليمات شخصية
من برمهنسا يوغانندا حول التأمل ومبادئ الحياة الروحية

إذا كنت تشعر بالانجذاب إلى تعاليم برمهنسا يوغانندا، فإننا ندعوك للتسجيل في دروس Self-Realization Fellowship.

لقد أنشأ برمهنسا يوغانندا سلسلة الدراسة المنزلية هذه لإتاحة فرصة للباحثين المخلصين لتعلّم وممارسة أساليب تأمل اليوغا القديمة التي جلبها إلى الغرب – بما في ذلك علم الكريا يوغا Kriya Yoga. تقدم الدروس أيضاً إرشاداته العملية لتحقيق الازدهار، والرفاه الجسدي، والعقلي، والروحي.

تتوفر دروس Self-Realization Fellowship مقابل رسم رمزي (لتغطية تكاليف الطبع والبريد)، ويقدم رهبان وراهبات Self-Realization Fellowship لجميع الطلاب إرشادات شخصية حول الممارسة التطبيقية

لمزيد من المعلومات...

يرجى زيارة الموقع الإلكتروني www.srflessons.org أو طلب حزمة تتضمن معلومات مجانية شاملة عن الدروس.

كتب باللغة العربية من تأليف برمهنسا يوغانندا منشورات عربية من
Self-Realization Fellowship

متوفرة على الموقع الإلكتروني
www.srfbooks.org
أو غيره من مكتبات بيع الكتب عبر الإنترنت

كيف يمكنك محادثة الله

يُعرّف برمهنسا يوغانندا الله بأنه الروح الكوني الفائق والأب، والأم، والصديق الشخصي المحب والقريب من الجميع، ويبيّن مدى قرب الرب من كل واحد منا، وكيف يمكن إقناعه بأن «يكسر صمته» ويستجيب بطريقة محسوسة.

توكيدات شفاء علمية

في هذا الكتاب الذي يشتمل على مجموعة واسعة من التوكيدات يقدم برمهنسا يوغانندا شرحاً عميقاً للأسس العلمية للتوكيد. ويشرح طريقة عمل التوكيدات، وكيف يمكن استخدام قوة الكلمة والفكر ليس فقط لاستجلاب الشفاء ولكن أيضاً لإحداث التغيّر المرغوب في كل مجال من مجالات الحياة.

تأملات ميتافيزيقية

أكثر من ٣٠٠ من التأملات والصلوات والتوكيدات الروحية التي تلهم الفكر وتسمو به، والتي يمكن استخدامها لتنمية قدر أكبر من الصحة، والحيوية، والإبداع، والثقة بالنفس، والهدوء؛ وللعيش بدراية أكبر بحضور الله الذي يغمر النفس بالغبطة والابتهاج.

عِلم الدين

في هذا الكتاب، يبين برمهنسا يوغانندا أن داخل كل إنسان توجد رغبة حتمية لا مفر منها وهي التغلب على المعاناة والحصول على سعادة لا انتهاء لها. وإذ يشرح كيف يمكن تحقيق هذه الأشواق، فإنه يفحص بدقة الفعالية النسبية للمقاربات المختلفة لتحقيق هذا الهدف.

قانون النجاح

يشرح المبادئ الديناميكية لتحقيق أهداف المرء في الحياة، ويحدد القوانين الكونية التي تحقق النجاح وتجلب الرضا – على المستوى الشخصي والمهني والروحي.

همسات من الأبدية

مجموعة من صلوات برمهنسا يوغانندا واختباراته الإلهية في حالات التأمل السامية. إن كلماته المدونة بجمال شعري وإيقاع رائع تظهر تنوعاً لا ينفد لطبيعة الله والعذوبة اللامتناهية التي يستجيب بها لمن يبحثون عنه.

مأثورات برمهنسا يوغانندا

مجموعة من الأقوال والمشورة الحكيمة التي تنقل ردود برمهنسا يوغانندا الصريحة والمفعمة بالمحبة لأولئك الذين قصدوه التماساً للتوجيه والإرشاد. المأثورات في هذا الكتاب، التي تم تدوينها بواسطة عدد من تلاميذه المقربين، تتيح للقارئ فرصة المشاركة في لقاءاتهم مع المعلم.

كتب باللغة الإنكليزية لبرمهنسا يوغانندا

Autobiography of a Yogi

God Talks With Arjuna:
The Bhagavad Gita
— A New Translation and Commentary

The Second Coming of Christ:
The Resurrection of the Christ Within You
— A Revelatory Commentary on the Original
Teachings of Jesus

The Yoga of the Bhagavad Gita

The Yoga of Jesus

The Collected Talks and Essays

Volume I: **Man's Eternal Quest**
Volume II: **The Divine Romance**
Volume III: **Journey to Self-realization**

Wine of the Mystic:
The Rubaiyat of Omar Khayyam
— A Spiritual Interpretation

Songs of the Soul

Whispers from Eternity

Scientific Healing Affirmations

In the Sanctuary of the Soul:
A Guide to Effective Prayer

The Science of Religion

Metaphysical Meditations

Where There Is Light
—Insight and Inspiration for Meeting Life's Challenges

Sayings of Paramahansa Yogananda

Inner Peace:
How to Be Calmly Active and Actively Calm

Living Fearlessly
—Bringing Out Your Inner Soul Strength

The Law of Success

How You Can Talk With God

Why God Permits Evil and How to Rise Above It

To Be Victorious in Life

Cosmic Chants

تسجيلات برمهنسا يوغانندا الصوتية

Beholding the One in All

The Great Light of God

Songs of My Heart

To Make Heaven on Earth

Removing All Sorrow and Suffering

Follow the Path of Christ, Krishna, and the Masters

Awake in the Cosmic Dream

Be a Smile Millionaire

One Life Versus Reincarnation

In the Glory of the Spirit

Self-Realization: The Inner and the Outer Path

منشورات أخرى من
Self-Realization Fellowship

The Holy Science
— Swami Sri Yukteswar

Only Love:
Living the Spiritual Life in a Changing World
— Sri Daya Mata

Finding the Joy Within You:
Personal Counsel for God-Centered Living
— Sri Daya Mata

Intuition:
Soul Guidance for Life's Decisions
— Sri Daya Mata

God Alone:
The Life and Letters of a Saint
— Sri Gyanamata

"Mejda":
The Family and the Early Life of Paramahansa Yogananda
— Sananda Lal Ghosh

Self-Realization

(مجلة أسسها برمهنسا يوغانندا في عام ١٩٢٥)

دي في دي فيديو

Awake: The Life of Yogananda

فيلم من إنتاج شركة أفلام كاونتربوينت

يتوفر كتالوج كامل يحتوي على كتب وتسجيلات فيديو/تسجيلات صوتية – بما في ذلك تسجيلات أرشيفية نادرة لبرمهنسا يوغانندا – على الموقع الإلكتروني

www.srfbooks.org

حزمة تقديمية مجانية

الطريقة العلمية للتأمل التي علّمها برمهنسا يوغانندا، بما في ذلك كريا يوغا – إلى جانب توجيهاته بخصوص كافة جوانب العيش الروحي المتزن – يتم تلقينها في دروس Self-Realization Fellowship. يرجى زيارة الموقع الإلكتروني www.srflessons.org وطلب حزمة معلومات مجانية شاملة عن الدروس.

Self-Realization Fellowship
3880 San Rafael Avenue • Los Angeles, CA 90065-3219
Phone +1(323) 225-2471 • Fax +1(323) 225-5088
www.yogananda.org